O UIRAPURU

E OUTROS ANIMAIS INCRÍVEIS DO FOLCLORE BRASILEIRO

O UIRA

E OUTROS ANIMAIS INCRÍVEIS DO FOLCLORE BRASILEIRO

JANUÁRIA CRISTINA ALVES
ilustrações **BERJE**

1ª EDIÇÃO
FTD
SÃO PAULO – 2017

PURU

FTD

Copyright © Januária Cristina Alves ibi, 2017

EDITORA FTD S.A.
Matriz: Rua Rui Barbosa, 156 – Bela Vista – São Paulo – SP
CEP 01326-010 – Tel. (0-xx-11) 3598-6000
Caixa Postal 65149 – CEP da Caixa Postal 01390-970
Internet: www.ftd.com.br
E-mail: central.relacionamento@ftd.com.br
Central de atendimento: 0800 772 2300

Diretora editorial Ceciliany Alves
Gerente editorial Isabel Lopes Coelho
Editora Débora Lima
Editor assistente Estevão Azevedo
Revisora Elvira Rocha
Supervisora de arte Karina Mayumi Aoki
Projeto gráfico e diagramação Flávia Castanheira
Editoração eletrônica Paulo Minuzzo
Diretor de operações e produção gráfica Reginaldo Soares Damasceno

Dados Internacionais de Catalogação na Publicação (CIP)
(Câmara Brasileira do Livro, SP, Brasil)

Alves, Januária Cristina
O Uirapuru e outros animais incríveis do folclore brasileiro / Januária Cristina Alves ; ilustrações Berje. – 1. ed. – São Paulo : FTD, 2017.

ISBN 978-85-96-00833-4

1. Contos folclóricos I. Berje. II. Título.

16-09288 CDD-028.5

Índices para catálogo sistemático:

1. Folclore brasileiro : Literatura infantil 028.5
2. Folclore brasileiro : Literatura infantojuvenil 028.5

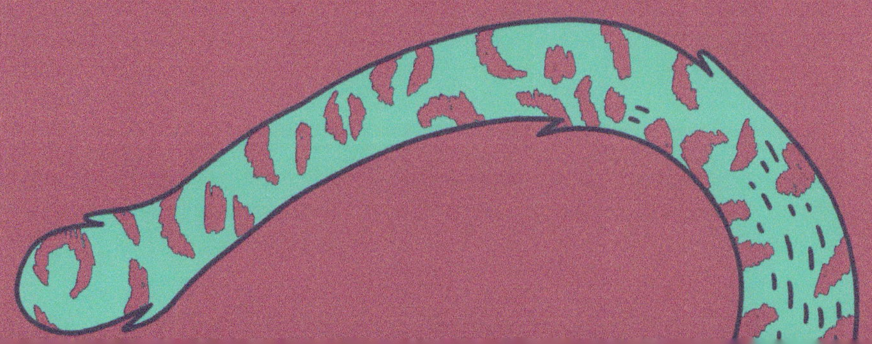

EM GUERRA DE GAVIÃO E URUBU SÓ QUEM SALVA É O UIRAPURU

Quem tem um Uirapuru consigo terá para sempre encanto e sorte dobrados! O pássaro do canto maravilhoso traz simpatia e fortuna a quem o tiver por perto. Mas só se cuidar bem dele, é claro!

Alguns índios contam que Guaracy – o deus que criou todas as coisas –, quando deu vida ao homem e a todos os seres viventes deste mundo, achou que seria bom se os pássaros tivessem alguém para tomar conta de seu destino. Esse alguém seria também um pássaro, que guiaria todos que voam para embelezar o céu e encher os olhos da criação. Também os protegeria dos maus-tratos e da morte cruel e os reuniria para celebrar a vida.

Guaracy deu a esse pássaro o canto mais bonito dentre todos os cantos. Todas as vezes em que ele gorjeasse, os outros pássaros logo correriam para perto dele, para melhor escutá-lo. E, assim, mais próximos dele e em bando, dificilmente seriam atacados pelos caçadores.

A esse passarinho deu o nome de Uirapuru, e desde então nunca houve canto de pássaro mais bonito em toda a Terra. Qualquer um que o tivesse por perto, boa sorte ganharia, para sempre.

O povo indígena do Maraguá, que habita no estado do Amazonas, conta a história do Uirapuru com um detalhe que faz a diferença. Para esse povo, na verdade, o deus Monãg – que é Guaracy para outros povos – resolveu criar o Uirapuru para que ele salvasse todos os outros pássaros da extinção.

Segundo os Maraguá, no início da vida na Terra, os homens eram poucos e os pássaros, muitos, e se destacavam por sua beleza e liberdade, porque podiam voar para onde e quando quisessem.

Como todo ser vivente, não demorou muito para que os pássaros começassem a disputar entre si: uns queriam voar mais alto que os outros, alguns queriam mandar nos outros, e a maioria começou a se desentender. Daí para o rompimento foi um passo: fez-se a guerra.

Nessa briga, os gaviões protestaram contra o governo dos urubus, e a divisão estava feita! Os outros pássaros tiveram de tomar partido: ou você era gavião ou era urubu. E, assim, o reino dos pássaros ficou ameaçado por uma guerra que ninguém, mas ninguém mesmo, sabia onde nem por que começara!

Cada **clã** formou seu exército: os pais e as mães urubus logo foram conversar com seus filhotes. Fizeram uma assembleia no centro da mata e, reunidos, prepararam-se todos para o que estava por vir.

– Estamos em guerra, meus filhos! – explicaram os pais urubus aos seus filhotes. – É preciso derrotar os gaviões, que pensam que são os maiorais, que mandam em tudo e em todos, só porque voam mais alto que nós!

– Isso mesmo, pequenos urubus! – reforçaram as mães urubus. – Pedimos a vocês que cuidem uns dos outros, protejam-se e escondam-se bem caso algum gavião, grande ou pequeno, se aproxime de vocês!

Os urubuzinhos balançaram a cabeça, obedientes. Mas o coraçãozinho deles estava cheio de medo. Seus pais e mães sairiam de seus tão seguros ninhos para se aventurar pelos céus, em guerra contra os gaviões, que eram fortes e muito bravos. Será que voltariam?

Enquanto isso, do outro lado da floresta, o clã dos gaviões também preparava suas proles para a guerra que não tardaria a começar. Pais e mães conversavam com seus filhos, convencendo-os de que os urubus eram inimigos e que, por isso, deveriam ser derrotados e dominados.

Mal sabiam eles que Monãg observava tudo do alto de todos os céus. E estava triste e muito preocupado com essa guerra besta e sem sentido! Mas nada podia fazer, por enquanto. Afinal, a todos os pássaros que criara havia dado liberdade. Para voar e decidir seus destinos.

Os céus de toda a Terra escureceram no dia em que a guerra começou. Ficaram negros, como a cor dos urubus e dos gaviões. Mal se via as nuvens por entre um bico ou uma asa. Ouvia-se trinados e gritos de toda ordem. E não demorou muito para gaviões e urubus, em iguais proporções, começarem a cair mortos na mata.

Entre mortos e feridos, não sobrou nenhum macho ou fêmea para contar essa história.

Foi com profundo desgosto que Monãg assistiu àquela cena. O que ele havia criado com tanta generosidade e amor acabara-se por vaidade e egoísmo. Nem os pássaros que voavam livres conseguiram compreender o valor da amizade e da solidariedade para que a vida pudesse continuar a existir!

Preocupado, o deus ficou de olho nos pobres filhotinhos dos urubus e dos gaviões. Sozinhos, inimigos uns dos outros por terem, infelizmente, herdado o ódio dos pais, eles também começaram a morrer. Não conseguiram resistir à fome e à sede, os maiores não deram conta de alimentar os menores e o desespero e a saudade dos pais tomaram conta deles, fazendo-os sucumbir.

Monãg, que era um pai bom e cuidadoso, logo viu que precisaria agir rápido se não quisesse ver a raça desses bichos perecer para sempre. Havia, a essa altura, muito poucos sobreviventes.

Foi então que teve uma brilhante ideia: criaria um pássaro especialmente para cuidar daqueles filhotes! Um pássaro notável, forte, inteligente e muito amoroso.

Pegou uma palha seca de tucumã, uma árvore imensa e forte, moldou-a como se fosse um pássaro e, mirando naquilo que seria o bico, soprou, dizendo:

– Eu ordeno que viva, passarinho, porque eu tenho para você a mais nobre das missões.

Num instante o passarinho abriu seus olhos pequenos. E o deus continuou:

– Vou lhe dar um trabalho grande e importante, meu amigo. Se você cumprir essa tarefa, garanto que será bem recompensado!

E mostrou-lhe todos os filhotinhos desamparados que haviam sobrado. A maioria tinha apenas um fio de vida. Explicou ao bicho o que havia acontecido: a guerra, a morte dos pais. E encerrou dando-lhe a sentença:

– Agora é com você, meu nobre pássaro! Alimente-os, ensine-os a voar e a guiar seu destino. Proteja-os até que possam se cuidar sozinhos.

O pássaro, a quem ele chamou naquele momento de Uirapuru, ficou cinzento e meio sem graça. Mas nada disse, apenas balançou a cabeça e se preparou para voar, cumprindo a ordem que lhe fora dada. Mas Monãg o chamou de volta:

– Espere aí! Em vez de fazê-lo bonito, com plumagem colorida e asas imperiosas, eu vou dar a você, meu pequeno Uirapuru, o canto mais belo e majestoso que já se viu. Nenhum outro pássaro cantará como você! E por isso você será amado e respeitado, e todos os outros pássaros o seguirão, aonde quer que você vá. Eles saberão que você cuidará deles e os protegerá, pois ninguém tem coragem de fazer mal a uma criatura que canta desse jeito!

O Uirapuru, então, estufou o peito, encheu-se de coragem e emitiu seu primeiro canto, pronto para cumprir o dever.

Não demorou muito e ele conseguiu reunir todos os sobreviventes da triste guerra. Reservou um lugar na mata para abrigar os filhotes dos urubus e dos gaviões. Todos juntos. Sem brigas, sem diferenças, tratou-os como iguais, como filhotes que eram, precisando de solidariedade e atenção.

No começo não foi fácil. Os pequeninos haviam aprendido com os pais a odiar o diferente sem sequer saber o motivo. O urubu não gostava do gavião porque não gostava. O gavião não ia com a cara do urubu e pronto.

Assim, quando se viram frente a frente, tiveram de olhar nos olhos uns dos outros e descobrir que, se não havia motivo para gostar, também não havia para não gostar. Tiveram de reaprender, sob a proteção do Uirapuru, a viver juntos e misturados, mesmo sendo diferentes.

Como requerem as emergências, a partir dali não houve mais tempo para **contendas**. Os pequenos pássaros tiveram de se unir sob a batuta do Uirapuru. O pássaro sabido logo organizou os grupos: uns tinham de sair para procurar comida, outros para trazer água e estocá-la, outros ainda para construir os ninhos que iriam abrigá-los das chuvas e tempestades.

Essa, sim, foi uma operação de guerra: rapidamente tiveram de se organizar com calma e persistência para preservar a vida que lhes restava. E, quando as coisas pareciam que iriam se complicar, o Uirapuru abria seu bico e soltava aquele som maravilhoso, encantador, que alegrava o coração de todos os que o ouviam.

Lá do céu, Monãg sorria, satisfeito com o que via.

Não precisou de muito tempo para que urubus e gaviões ficassem mais fortes e espertos e descobrissem as qualidades e os defeitos de cada um. Mas, principalmente, se dessem conta da força que o grupo unido possuía e compreendessem que, só por isso, haviam conseguido sobreviver e construir uma aldeia num pedaço da mata que dava gosto de ver!

O Uirapuru estava orgulhoso de seu feito. E de seus pequenos discípulos também. Nenhum deles havia morrido e todos haviam aprendido a se cuidar, a se alimentar e ainda a cuidar da terra que lhes era comum. Cantava e cantava de pura alegria e satisfação pela missão cumprida!

Então, os bichinhos tomaram seu rumo e o Uirapuru seguiu seu destino: foi morar sozinho na floresta. Comia, bebia, descansava, cantava. E de vez em quando os pássaros, agora adultos e já constituindo suas famílias, vinham visitá-lo. Eles nunca se esqueciam de dizer-lhe o quanto eram gratos por ele ter salvado sua vida e de como gostavam de seu canto. Nessas ocasiões, tudo virava festa, e pássaros de todos os lugares vinham ouvir o gorjeio do querido Uirapuru.

Os anos se passaram e o Uirapuru foi ficando velho. Foi a vez de os pássaros se preocuparem: ele já não podia mais viver sozinho na mata. E se precisasse de ajuda? Resolveram, então, escolher um pássaro de cada espécie existente na natureza para ficar ali, de plantão, juntinho do Uirapuru. Deveriam fazer-lhe companhia e protegê-lo dos malvados caçadores. Todos aceitaram o convite e assim foi feito.

Monãg, por sua vez, achou que deveria dar um prêmio à sua fiel criatura. Afinal, ele havia cumprido sua missão de maneira brilhante! Então, resolveu curá-lo da solidão, dando-lhe uma companheira para dividir os dias e as noites, uma fêmea que lhe aquecesse o coração e lhe desse filhos. E assim foi feito. O Uirapuru ganhou uma companhia para toda a vida e multiplicou-se em muitos, perpetuando sua espécie.

Deve ser por tudo isso que, onde quer que esteja, até hoje, o Uirapuru está sempre rodeado de outros passarinhos... Há quem diga que não é só por isso, não, e que ele nunca está sozinho porque seu canto atrai a todos e faz todo mundo feliz. A felicidade traz boa sorte. E boa sorte todo mundo quer ter, não é verdade?

Há muitos caçadores que desejam um Uirapuru só para si, porque querem ter sorte na vida, fazer bons negócios e ser queridos por onde passarem. Mal sabem eles que, se matarem o bichinho, nada disso vai lhes acontecer. Encontrá-lo morto é outra coisa. Preservá-lo com carinho traz bem-aventuranças, tirar-lhe a vida não.

Pássaro da sorte, pássaro salvador, pássaro emprestado, pássaro que não é pássaro. Simplesmente Uirapuru.

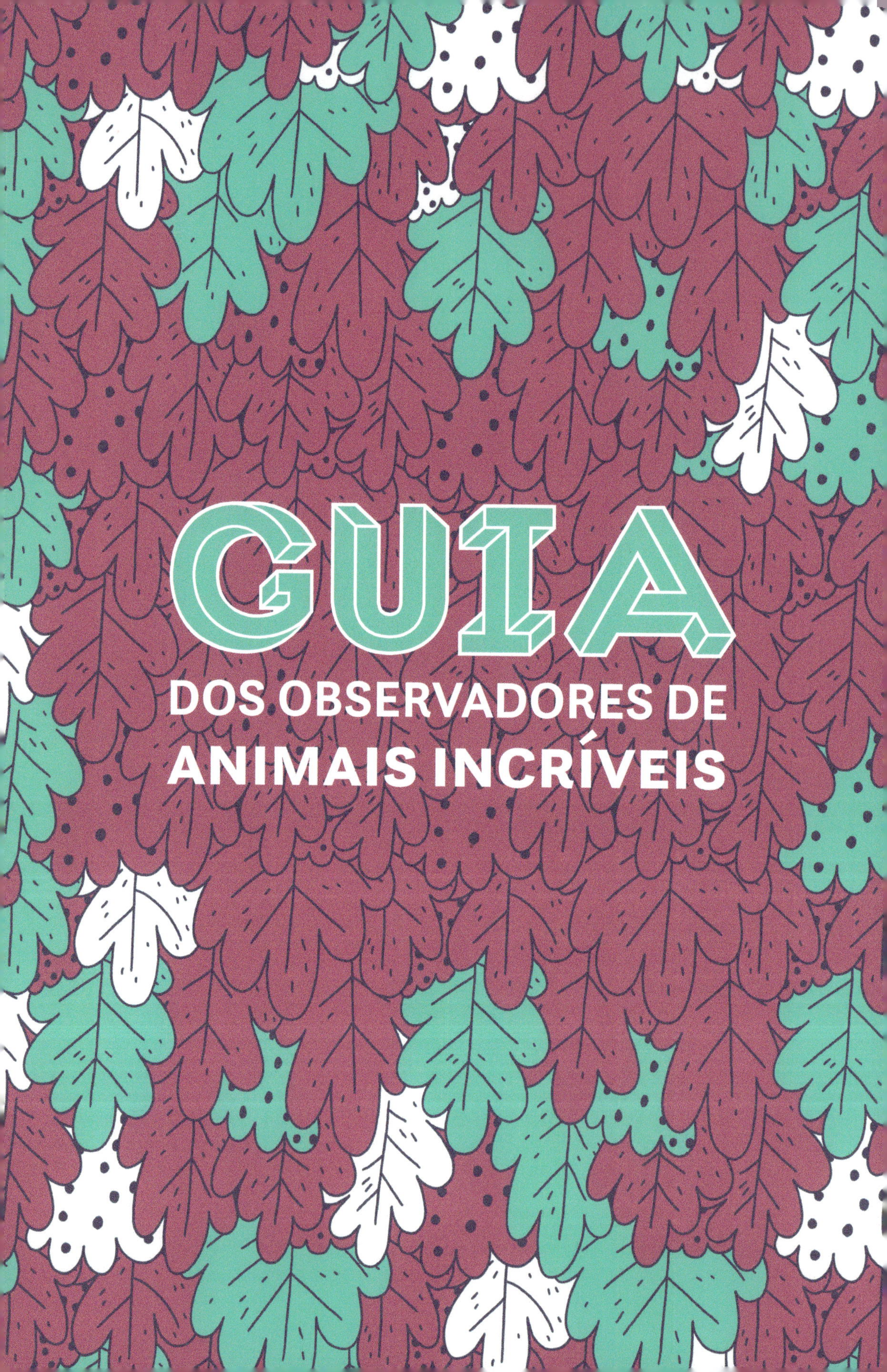
GUIA
DOS OBSERVADORES DE
ANIMAIS INCRÍVEIS

UIRAPURU

Na língua **nheengatu**, *uira-purú* quer dizer "pássaro emprestado" ou "pássaro ornado". E, em tupi-guarani, "pássaro que não é pássaro". Essa ave é conhecida por atrair sorte e bons negócios, especialmente se ela estiver enterrada na porta de casa. Ela tem o canto mais bonito de toda a floresta; tão maravilhoso que inspirou Heitor Villa-Lobos, um de nossos maiores compositores, a criar o poema sinfônico *Uirapuru*, em 1917. De cor ora cinzenta, ora preta, o Uirapuru tem uma mancha nas costas que se parece com uma estrela e só é vista quando ele abre as asas. É um amuleto muito cobiçado, pois se diz que realiza os desejos de quem o possuir.

A participação do Uirapuru na guerra entre urubus e gaviões foi contada no livro *Historinhas marupiaras*, de Elias Yaguakãg, publicado em 2011. Mas há mais de uma lenda sobre o pássaro. A mais conhecida trata da disputa entre duas amigas, Moema e Juçara, pelo amor do belo índio Peri. Sem conseguir se decidir por uma delas, o índio pede um conselho ao pajé, que sugere a Peri lançar um desafio às duas índias: aquela que conseguisse matar um pássaro especial em pleno voo seria digna do amor do jovem guerreiro. Assim foi feito, e a índia Moema, derrotada na competição, sem se conformar com a perda do grande amor e da melhor amiga, fugiu para a floresta. Tupã ficou com pena da bela índia e a transformou no pássaro que tem o canto mais lindo de todos: o Uirapuru. Assim, ela poderia amenizar sua dor cantando para sempre.

Outra versão conta que um jovem guerreiro se apaixonou perdidamente pela esposa do cacique de sua tribo. Como era um amor impossível de se concretizar, o guerreiro, desesperado, pediu a Tupã que o transformasse num pássaro com um belo canto. O pedido foi atendido e o bonito pássaro vermelho de canto maravilhoso chamou a atenção do cacique, que passou a persegui-lo na mata, pois queria que a ave cantasse apenas para ele. Um dia, ao tentar encontrá-lo no meio das árvores, o cacique se perdeu e nunca mais foi visto. Desde então, o Uirapuru segue cantando e cantando, na esperança de que a sua amada descubra que ele é o bravo guerreiro apaixonado por ela.

Uma terceira versão diz que o Uirapuru seria a bela índia Unauá, do povo Tukano. Ela se transformou nesse lindo pássaro ao fugir de três índios inimigos que queriam tirar sua virgindade, sem a qual ela não poderia entrar no monte Ibiapaba, morada dos deuses, após a morte. A índia correu sem parar e, como amava cantar, foi pedindo ajuda ao deus da música, Anhum. Ele atendeu ao seu pedido e a fez subir numa árvore e entoar um lindo canto, avisando a seus irmãos do perigo que a rondava. Sem demora, eles correram para lá e a salvaram. E foi assim que ela se transformou, para sempre, no pássaro Uirapuru.

OUTROS NOMES: Guirapuru, Irapuru
REGIÕES DO PAÍS: Nordeste (MA), Norte (AM, PA)
ORIGEM: Indígena
PERSONAGEM RELACIONADA: Curupira

BUMBA MEU BOI

O boi é um animal importante para o homem. Em algumas culturas, é considerado um deus. Em outras, serve de alimento, vestuário e até auxilia no trabalho, como nas lavouras. Talvez por isso tenha papel de destaque em diversas histórias. No Egito, havia o boi Ápis, que, por ser considerado sagrado, era **embalsamado** depois de morto. Na Índia, por sua importância religiosa, ninguém mata um boi, em nenhuma situação. Na Grécia antiga, não são poucos os mitos envolvendo a figura desse animal: há o Minotauro, o mais famoso, e a transformação de Zeus em touro para conquistar a bela princesa Europa. Na Espanha, o touro é cultuado nas polêmicas touradas.

No Brasil, o boi virou a personagem de nome Bumba Meu Boi. Esse é também o título de um dos **autos** mais famosos do país, exibido de meados de novembro até a Noite de Reis, em 6 de janeiro, como parte do ciclo de festividades do Natal. Apesar de ser uma personagem típica do folclore maranhense, o Bumba Meu Boi é registrado como patrimônio cultural do Brasil pelo Instituto do Patrimônio Histórico e Artístico Nacional (Iphan).

A tradição é antiga. Já em 1840, o padre Lopes Gama descreveu o Bumba Meu Boi no jornal pernambucano *O Carapuceiro*. De lá para cá, essa personagem se popularizou, e sua história original se desdobrou em muitas outras. Boi-Calemba (Rio Grande do Norte), Bumba (Paraíba, Pernambuco), Boi de Reis (Ceará, Maranhão, Piauí), Boi-Bumbá (Amazonas, Pará), Três-Pedaços (Alagoas), Folguedo do Boi e Reis do Boi (Rio de Janeiro).

O mais conhecido dos bois, o Bumba Meu Boi, foi descrito assim pelo folclorista Sílvio Romero: “Vem a ser um **magote** de indivíduos acompanhados de grande multidão, que vão dançar nas casas, trazendo consigo a figura de um boi, por baixo da qual oculta-se um rapaz dançador”.

A expressão “Bumba, meu boi”, repetida nas cantigas do auto, o mais popular e difundido no Nordeste, e depois no Brasil, significa “Bate! Chifra, meu boi!”. Esse **folguedo** nasceu no Nordeste brasileiro, nas últimas décadas do século XVIII, onde a criação de gado era feita por colonizadores com mão de obra escrava. Surgiu nas regiões litorâneas e depois se popularizou no resto do país. Em cada lugar o enredo e a maneira de representar o auto mudam.

Atualmente ele é mais conhecido no Amazonas, onde é chamado de Boi-Bumbá. Dezenas de milhares de pessoas vão ao famoso Festival Folclórico de Parintins, cidade do interior do estado. Em Brasília, o auto é celebrado como o Boi de Seu Teodoro desde a década de 1960, quando esse maranhense foi morar no Distrito Federal.

A história mais popular do Bumba Meu Boi é a de Pai Francisco e Mãe Catirina (ou Caterina). A escrava Catirina, grávida, diz ao marido, Pai Francisco, que deseja comer a língua de um boi que ela vê pastando. Só que esse boi é o predileto do senhor, o que torna tudo mais complicado. O escravo, depois de muito pensar, atende ao desejo da esposa, mata o boi e leva a língua para ela. Com muito medo da represália do patrão, o casal foge dali e anos depois retorna trazendo o filho, que, a partir da ossada do boi, consegue ressuscitá-lo. A alegria do patrão é tanta

que ele acaba perdoando o casal, e todos comemoram a ressurreição do animal.

Em Pernambuco, em Alagoas e no Ceará, a história do Bumba Meu Boi é diferente: seus donos são um rei e uma rainha que passam de casa em casa celebrando o nascimento do Menino Jesus. A grande festa acontece no Dia de Reis. Nela encontramos também a figura de Mateus, bufão que causa a morte do boi e tem de ressuscitá-lo, como diz a cantiga:

> Ó Mateus, vem cá.
> Sinhô está chamando;
> Traze o teu boi,
> E venhas dançando.
> Só achei o Mateus,
> Não achei Fidélis;
> Bem se diz que negro
> Não tem dó da pele.

Em outros lugares, vemos o dono do boi aparecer como o Cavalo-Marinho, que também é senhor de outros personagens da história, Mateus, Burrinha e Caipora. No reisado do Cavalo-Marinho, a cantiga começa assim:

> Cavalo-Marinho
> Vem se apresentar,
> A pedir licença,
> Para dançar.

Outras vezes a figura do boi aparece no folclore brasileiro como uma entidade que desperta medo nas crianças, como na conhecida cantiga de ninar:

> Boi, boi, boi, boi da cara preta,
> pega esse menino
> que tem medo de careta...

São tantas histórias sobre o Bumba Meu Boi que até hoje ninguém conseguiu contar todas elas... Que tal inventar a sua?

OUTROS NOMES: Boi-Bumbá, Boi-Calemba, Boi de Reis, Boi de Seu Teodoro, Bumba, Folguedo do Boi, Reis do Boi, Três-Pedaços
REGIÕES DO PAÍS: Todas
ORIGEM: Africana, europeia, indígena
PERSONAGENS RELACIONADAS: Boi Leição, Hipocampo

HIPOCAMPO

Figura bastante conhecida da mitologia universal, o Hipocampo é cavalo da cintura para cima e peixe da cintura para baixo. Na mitologia grega, costuma aparecer na companhia das nereidas, as filhas de Nereu e de Dóris, que viviam no mar Egeu. Além disso, o Hipocampo puxa o carro de Poseidon, o deus dos mares. Seres com essas características também são encontrados nas mitologias fenícia, árabe e indiana.

Acredita-se que a lenda do Hipocampo chegou ao Brasil com os portugueses. Como os índios não conheciam cavalos, talvez tenham transformado o animal em figura do folclore. O Hipocampo é personagem de um dos autos mais conhecidos no Brasil: o Bumba Meu Boi. Só que no auto ele não é representado pelo cavalo, mas sim pelo cavaleiro, representando o proprietário ou o fazendeiro, ou seja, o dono do animal.

É de 1873 um dos primeiros registros dessa figura, feito pelo **cônego** Francisco Bernardino de Souza em seu livro *Lembranças e curiosidades do Valle do Amazonas*. Dizia o cônego que existia um lago habitado pelo Hipocampo, de acordo com alguns povos indígenas da região Norte, perto da ilha do Cavalo-Marinho, situada no rio Uaicurapá. Como os indígenas tinham medo do bicho, a ilha ficou inexplorada e despovoada.

O Hipocampo normalmente é pequeno, mas, quando aparece para os homens, é enorme. É branco, tem crina e cauda douradas e olhos humanos e tristes. Alguns dizem que tem uma estrela de ouro na testa, como o Carneiro Encantado ou a Cachorrinha-d'Água e outras personagens do folclore brasileiro. Vive no mar ou nos rios; nos cantos mais fechados da floresta, salta e corre como um relâmpago. Quem o encontrar ficará rico, pois sua crina e cauda são de ouro puro.

O Cavalo-Marinho aparece também numa lenda ligada à Janaína, que é conhecida como Mãe-d'Água. Dizem que ela fingiu estar cansada, no fundo do mar, para descobrir qual dos animais que ali viviam era realmente seu amigo. Todos se ofereceram para levar a moça em seu lombo, o tubarão, a baleia, o boto, mas, quando ela viu o Cavalo-Marinho, logo se pôs a cantar:

Cavalinho, meu cavalinho,
Senhor das areias do mar.
Prepare o seu cangotinho
Para Janaína voltar.

E, assim que Janaína montou, o bicho saiu em **desabalada** carreira, rompendo as ondas, sem deixar que ninguém o acompanhasse. A partir desse dia, o Cavalo-Marinho tornou-se um animal encantado. Na Europa, o **pingente** do Cavalo-Marinho é usado como um amuleto contra mau-olhado.

OUTRO NOME: Cavalo-Marinho
REGIÃO DO PAÍS: Norte (AM)
ORIGEM: Universal
PERSONAGENS RELACIONADAS: Bumba Meu Boi, Cachorrinha-d'Água, Carneiro Encantado

ONÇA DA MÃO TORTA

A Onça da Mão Torta é um monstro assustador: enorme, toda rajada e com uma das patas dianteiras completamente torta. Por ser encantada, nada acontece se alguém atira nela, as balas entram em seu corpo e saem sem feri-la.

Dizem que ela é a alma penada de um vaqueiro velho, muito mau, que vivia na região central do Brasil. Ele matava, roubava, desrespeitava as moças, era, enfim, um criminoso. Quando o velho morreu, a Onça da Mão Torta começou a aparecer. Os caçadores tentavam, em vão, matá-la, e ela, sem demonstrar nenhum medo, calmamente voltava para dentro da mata.

REGIÃO DO PAÍS: Centro-Oeste (GO)
ORIGEM: Brasileira
PERSONAGENS RELACIONADAS:
Onça-Boi, Onça-Borges, Onça-Maneta

ARRANCA-LÍNGUA

Dizem que o Arranca-Língua é um macaco que mede quase quatro metros de altura. Ele ataca os rebanhos de gado e arranca apenas a língua dos animais, deixando o resto do corpo intocado. Na primeira metade do século XX, toda a imprensa de Goiás, de Minas Gerais e do Rio de Janeiro noticiou os feitos desse bicho, com depoimentos de muitos fazendeiros que afirmavam ter visto suas pegadas enormes, algumas com mais de sessenta centímetros de comprimento.

É assim que um mito vira um fato. Foi o que aconteceu com esse monstro enorme – parecido com o **King Kong** –, o Arranca-Língua, que é parente de outro ser do folclore, o Bicho-Homem. Um jornal da época dedicou um **soneto** ao Arranca-Língua:

King Kong

Feroz, cruel, terrível, monstruoso,
De grande força e porte agigantado,
O sertão de Goiás, misterioso,
Habita o King Kong tão falado.

História ou lenda, o fato é curioso
E parece bastante exagerado:
É que vagueia a procurar o gado,
Arrancando-lhe a língua, furioso.

E por todo lugar por onde passa
Assola o gado pela pastaria,
Pelo prazer de línguas arrancar.

Ah, se tal monstro por aqui passasse,
Quantas línguas compridas tiraria!
E quanta gente sem poder falar!

Na época em que o monstruoso animal foi visto, disseram também que ele era "um homem amacacado", como um gorila, com braços compridos, mãos grandes e rosto chato, que estaria na região de Goiás para "punir os ladrões de gado". O ser peludo teria sido antes um ladrão de gado nos Estados Unidos e sua condenação tinha sido se transformar no monstrengo.

Tempos depois, porém, descobriram que o que estava matando o gado era uma doença chamada febre aftosa, que destruía o tecido da língua dos bois. Por isso ela caía, como se tivesse sido arrancada. Quem viu, quem não viu... Pelo sim e pelo não, a gente da região do rio Araguaia não se arrisca a passar pelos locais onde dizem que o Arranca-Língua ainda vive.

OUTROS NOMES: Come-Língua, King Kong
REGIÃO DO PAÍS: Centro-Oeste (GO)
ORIGEM: Brasileira
PERSONAGEM RELACIONADA: Bicho-Homem

TEINIAGUÁ

A Teiniaguá é uma das personagens mais queridas e conhecidas do folclore do Rio Grande do Sul. Foi eternizada no conto "A Salamanca do Jarau", do escritor gaúcho João Simões Lopes Neto, em seu livro *Contos gauchescos e lendas do Sul*, de 1913. É uma lenda que conta como surgiram os descendentes de índios e europeus dos povoados daquela região.

Também se chama "A Teiniaguá" uma das narrativas que compõem *O continente*, a primeira parte de *O tempo e o vento*, obra-prima do escritor gaúcho Erico Verissimo, publicada em 1949. Esse livro é considerado um clássico da literatura brasileira e Verissimo escolheu tal título numa alusão a um dos mitos mais famosos da região.

A Teiniaguá aparece como um lagarto encantado que tem na cabeça uma pedra preciosa e cintilante, da cor de um rubi. Mas, na verdade, é uma princesa árabe que foi trazida para o Brasil pelos europeus e encantada por Anhangá-Pitã, o diabo vermelho dos índios. Ela vive na gruta ou furna de Salamanca do Jarau, lugar em que se escondem muitos tesouros. Protege essas riquezas e só as entrega ao homem que aceitar o desafio de entrar na gruta e passar por sete provas.

No romance, a própria Teiniaguá assim se descreve:

> Eu sou a princesa moura encantada, trazida de outras terras por sobre um mar que os meus nunca sulcaram... Vim, e Anhangá-Pitã transformou-me em Teiniaguá de cabeça luminosa, que outros

> chamam o – **carbúnculo** –, e temem e desejam, porque eu sou a rosa dos tesouros escondidos dentro da casca do mundo...

Reza a lenda que tudo começou quando um sacristão resolveu se banhar nas águas do **Cerro** do Jarau. De repente, ele percebeu que a lagoa fervia e deu de cara com um lagarto, a Teiniaguá. Ele a prendeu num copo em forma de chifre, a guampa, e então retornou à igreja. À noite, ao destampar a guampa, uma mágica aconteceu: a Teiniaguá virou uma linda mulher e lhe pediu vinho. O sacristão sabia que na igreja só havia o vinho do padre, mas, mesmo assim, resolveu dá-lo à mulher.

Todas as noites, a linda mulher bebia o vinho, até que os padres começaram a desconfiar. Seguiram o rapaz e deram de cara com a Teiniaguá. Ela rapidamente se transformou numa lagartixa e fugiu para o Uruguai. O coitado do sacristão foi preso e condenado à morte. Mas, na noite em que seria morto na praça diante da igreja, a Teiniaguá pressentiu que o amado estava em perigo e foi buscá-lo, cavando enormes buracos na terra. A praça toda desabou, em meio à fumaça e ao fogo. Depois de muito fugir, o casal ficou preso numa caverna chamada Salamanca do Jarau.

De lá só sairiam vivos se surgisse alguém capaz de, ao entrar na caverna, cumprir as sete provas, os sete desafios. A pessoa teria de passar pelas espadas ocultas na sombra; pela arremetida de jaguares e pumas furiosos; pela dança dos esqueletos; pelo jogo das línguas de fogo e das águas ferventes; pela ameaça da cascavel amaldiçoada; pelo convite das donzelas cativas; e, por fim, pelo cerco dos anões. Depois de tudo isso,

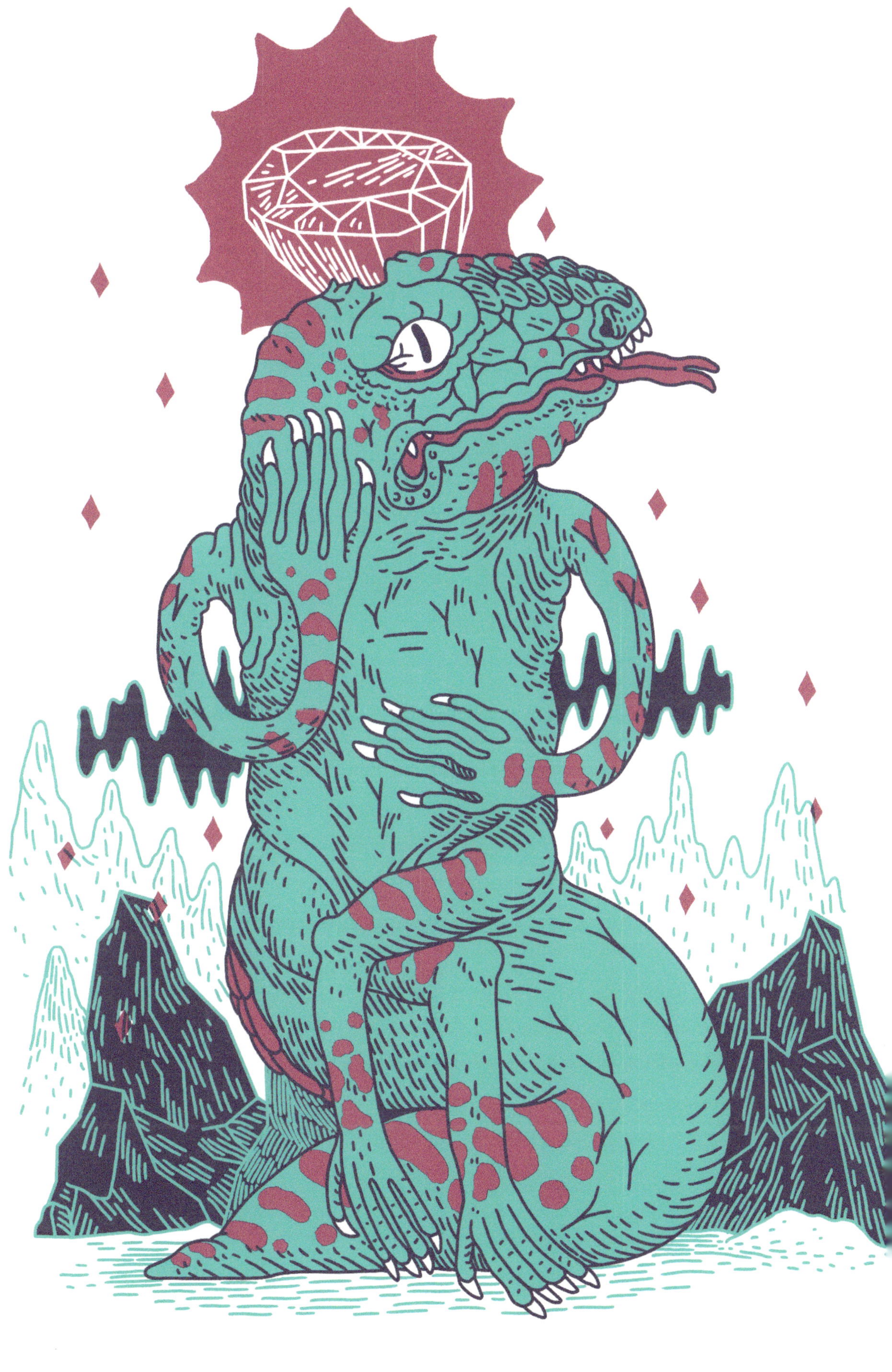

o vencedor teria direito a um desejo. O encanto só seria desfeito se ele se recusasse a ter o seu desejo atendido.

Duzentos anos se passaram até que o gaúcho Blau, que ficara sabendo da lenda por meio de sua avó, resolveu encarar o desafio. Ele entrou na caverna, venceu as tarefas... mas não desejou nada, para a tristeza do sacristão e da Teiniaguá. O encanto ainda não seria desfeito. Ainda assim, como prova de sua amizade, o sacristão deu a Blau uma moeda de ouro, sem avisá-lo de que era mágica. O gaúcho foi embora.

Dias depois, Blau soube que um amigo estava vendendo um boi. Lembrou-se da moeda e foi comprar o bicho. Ao oferecê-la como pagamento, a moeda se multiplicou, e ele comprou todos os bois que estavam à venda. O amigo de Blau espalhou a notícia. Em pouco tempo, todos acreditavam que Blau fizera um pacto com o Diabo, e ele não conseguia nem vender nem comprar mais nada. Chateado, Blau resolveu voltar à Salamanca do Jarau para devolver a moeda ao sacristão. Quando colocou a moeda de ouro na mão dele, houve uma grande explosão e o encanto, finalmente, foi desfeito. A princesa e o sacristão, agora um lindo casal jovem, saíram da caverna, casaram e deram origem aos povos indígeno-ibéricos do Rio Grande do Sul.

Outra versão da lenda, diferente da que João Simões Lopes Neto popularizou, conta que a personagem do gaúcho era um índio, antigo sacristão das missões. Nessa versão, ele vigiava a gruta em que a Teiniaguá estava presa e aguardava alguém dizer três vezes a saudação "Louvado seja nosso senhor Jesus Cristo". Quando isso acontecesse, o encanto seria quebrado e ele e a lagartixa voltariam a ser um jovem e belo casal. E foi assim que aconteceu.

Essa lenda é tão viva até os dias de hoje que há uma canção da cantora e compositora Fernanda Abreu que conta a história da Teiniaguá, “A Salamanca do Jarau”, de 2006:

Eu vou contar para vocês uma história diferente
Que de tão incrível virou lenda
E até hoje lá no Sul o povo conta para a gente
E o cantador emenda
Um sacristão lá da igreja que ficava de bobeira
Sentado olhando o rio passar
Um dia notou algo diferente
A água tava fervente começando a borbulhar
[...]
E até hoje diz a lenda ainda vivem na colina
Os dois deixando o tempo passar
Guardando um tesouro precioso
Um romance sem igual na Salamanca do Jarau
O lagarto que era o tal da Salamanca do Jarau
Uau!

REGIÃO DO PAÍS: Sul
ORIGEM: Europeia

TUTU

Tutu Marambá, não volte mais cá
Que mãe da criança lhe manda matar
Tutu Marambá, desça do telhado
Deixe meu filhinho dormir sossegado
Jacaré Tutu, Jacaré Mandu,
Tutu vai-s'embora, deixe em paz o meu amor
Tutu Marambá, fuja do telhado
Que o pai da criança está acordado
Tutu Marambá, vá embora pro além
Que a mãe da criança vela seu neném
Jacaré Tutu, Jacaré Mandu
Tutu vai-s'embora, deixe em paz o meu amor.

Cantigas de ninar como essa são muito conhecidas no Brasil. As que têm o Tutu como personagem são tantas quantas o seu nome: Tutu Marambá, Tutu Marambaia, Tutu Zambê (ou Zambeta), Tutu do Mato, Tutu-Roncador, e por aí vai. Ele é uma das mais conhecidas personagens a atormentar o sono da criançada brasileira. Já estava na boca das amas de leite desde o Brasil colonial e permanece até os dias de hoje, assombrando quem vai para a cama e chora por não querer dormir. Para afastá-lo das crianças, basta bater com o pé no chão e dizer: "Xô! Tutu, vai-te embora que o menino não chora mais".

Esse bicho preto, que na Bahia assume a forma de um porco-do-mato, é parente do Bicho-Papão e da Cuca, que aqui chegaram vindos de Portugal e da Espanha. No Brasil, dizem que a Cuca, quando precisa de ajuda, recorre ao Tutu.

A versão mais conhecida da lenda do Tutu é a do Tutu Marambá – *marambá* ou *marabá* quer dizer "filho de índio com estrangeiro" –, mas é pouco provável que entre os índios houvesse a figura de um bicho que perturbasse as crianças que não queriam dormir. É mais comum, na mitologia indígena, as mães pedirem às forças da natureza que tragam sono às crianças.

Há quem acredite na origem africana e afirme que a palavra "tutu" seria uma **corruptela** de *kitútú*, que em quimbundo, uma das línguas de Angola, quer dizer "papão". Também há quem diga que o nome Tutu significa "valente", "brigão" e "barulhento", o que faria sentido, pois em alguns lugares se conta que o Tutu é um bicho "roncador", o Tutu-Roncador.

No Nordeste, o Tutu é conhecido como Queixada, pois tem dentes salientes que batem uns nos outros, produzindo um barulho. Em alguns lugares do Brasil, o Tutu também é chamado de Tutu Moringa, porque sua barriga teria o formato de uma moringa de água. Esse Tutu é velho, anda como se estivesse bêbado, e seu ronco lembra o som da água ao sair da moringa. Dizem que ele sai à noite para procurar seus filhos roubados pelos portugueses, que pretendiam fazê-los escravos em terras distantes. Como não pôde se despedir dos pequenos, o Tutu Moringa vaga pelas florestas à sua procura e, quando encontra uma criança, logo pensa que pode ser um dos filhos roubados. Ao descobrir que está enganado, ele a come, estraçalhando-a com as unhas, sem deixar sequer os ossos. Para espantá-lo, é bom cantar esta cantiga:

Vá-s'embora, Tutu Moringa,
A toda a pressa
Pela restinga.
Corra, corra, vá ligeiro,
Tutu Moringa,
A toda a pressa.
Seus filhinhos vão agora
Embarcados num veleiro.
Vá-s'embora,
Seu parola!

OUTROS NOMES: Queixada, Tutu do Mato, Tutu Marambá, Tutu Marambaia, Tutu Moringa, Tutu-Roncador, Tutu Zambê (ou Zambeta)
REGIÕES DO PAÍS: Todas
ORIGEM: Universal
PERSONAGENS RELACIONADAS: Bicho-Papão, Cuca, Quibungo

GLOSSÁRIO

AUTO: peça de teatro de cunho moral, místico ou religioso, como o *Auto da Barca do Inferno*, de 1531, de Gil Vicente.

CARBÚNCULO: antiga designação dos minerais do grupo das granadas.

CERRO: morro, colina.

CLÃ: grupo familiar comum, partido, facção.

CÔNEGO: religioso com funções específicas no serviço de uma igreja ou congregação.

CONTENDA: guerra, disputa, luta.

CORRUPTELA: forma diferente de falar ou escrever uma palavra, em geral criada por uma leitura ou audição rápida ou desatenta. Exemplo: *virgem*, que virou *vige*, *vixe* e *ixe*.

DESABALADO: sem freios, veloz, desembestado.

EMBALSAMADO: tratado, após a morte, com substâncias que impedem a decomposição do corpo.

FOLGUEDO: festa ou dança típica de um povo ou região brasileira, como a congada, a cavalhada, o maracatu.

KING KONG: gorila gigante encontrado em uma ilha e levado à Nova York no filme norte-americano de mesmo nome, lançado em 1933 e que teve refilmagens mais recentes.

MAGOTE: reunião de muitas coisas ou pessoas, amontoado.

NHEENGATU: língua indígena comum a toda a região da Amazônia.

PINGENTE: objeto ou ornamento pendente, de forma alongada.

SONETO: um dos mais conhecidos tipos de composição poética.

POSFÁCIO

ANA MIRANDA

Quando era criança, um dia eu estava num jipe passando por um mato de cerrado, no interior do Brasil. De repente, vi umas aves imensas, de pescoço curvo, e gritei: "Mamãe! Veja os cisnes!". E a minha mãe sorriu e disse: "Não são cisnes, minha filha, são emas". Ali eu estava começando a aprender o que é o Brasil.

Eu acreditava no Saci-Pererê e na Mula Sem Cabeça, e sabia que, quando o Uirapuru cantava, todas as outras aves silenciavam e se aproximavam dele para ouvir seu canto. Mas não conhecia outros seres do folclore brasileiro, como o Curupira, o Pedro Malasartes, o Boitatá, o Anhangá, muito menos entes surpreendentes e inquietantes como o Poronominare, a Matintapereira, o Cobra-Norato ou a misteriosa Loira do Banheiro; nem conhecia direito os nossos animais, porque os livros falavam mesmo era em leões, elefantes, girafas, tigres, hipopótamos, que são belos, mas estrangeiros; e os seres imaginários que eu conhecia eram as fadas e bruxas do folclore europeu, as sereias e sapos encantados, os dragões... Faltava conhecer melhor nossos entes fantásticos, nossos animais, mitos, lendas e histórias do povo brasileiro. Que são histórias misturadas com lendas e crenças de outros povos, mas são a nossa interpretação dos prodígios do mundo, tanto os pequeninos como os imensuráveis. E, por meio dessas histórias, podemos nos conhecer melhor e, nos conhecendo melhor, podemos melhor amar a nós mesmos. Podemos reconhecer o nosso rosto e sonhar os nossos próprios sonhos do nosso próprio jeito.

Por meio delas, das nossas fábulas, podemos encontrar respostas às perguntas que talvez sejam as mais importantes, por sua desimportância (como diria o poeta Manoel de Barros): Por que alguém faz maldade com outra pessoa? E por que alguém é bom? Por que coisas nossas (ou pessoas) desaparecem para sempre? Por que nos assustamos ao olhar um espelho ou ao ouvir um ruído inesperado? Por que um copo se quebra sozinho na cozinha? Por que novelos de linha ficam de repente tão embaraçados e moscas caem na nossa sopa exatamente quando olhamos para o outro lado? Por que existem outros mundos que mal vemos? Por que o mundo é como é? E, afinal: Por que somos como somos?

Todo esse imaginário não é casual nem arbitrário, mas alude à nossa vida e à nossa sociedade, e faz na verdade uma descrição de nossa alma com todas as nossas características, como a traquinagem de alguns entes, a inteligência e astúcia de outros, o humor por vezes cruel, a doçura e tolerância, uma orgulhosa abnegação, ou tudo isso junto. Somos flagrados no momento em que abandonamos a experiência real e cotidiana para penetrarmos no corpo da mente que vagueia, como que transformando o mundo em algo ao mesmo tempo enigmático e apreensível.

O fato de se escrever essas histórias e acervos de personagens, que são contados oralmente em torno das fogueiras, dos fogões, ou nas varandas, nos faz lembrar que só conhecemos os mitos gregos e de outros povos antigos por terem sido registrados em palavras escritas, o que perpetuou também o seu caráter real e encantatório. Estes contos e personagens aqui elencados, vetores de uma memória, não apenas fazem parte da literatura como concedem à narrativa uma perenidade mantida por um fio de vozes sobre-humanas.

Portanto, considero esta coleção **Personagens do Folclore Brasileiro** mais do que preciosa; ela é fundamental. Há de ser um fundamento para que crianças (e a criança que existe em cada um de nós) possam sonhar e elaborar seus encantamentos, suas dúvidas, seus medos, sua fantástica descoberta do mundo. Como dizia Jorge Luis Borges, as crianças são os mais extraordinários descobridores e para elas é um assombro a descoberta da escada, da água, do espelho ou das nuvens que chovem. Assim como dos animais de um jardim zoológico, ou do bestiário surreal. Que aqui estão para serem observados e conhecidos.

Como temos os observadores de pássaros, aqui nesta coleção teremos os observadores de seres fantásticos. Observar os pássaros é muito sedutor, e muito importante para o conhecimento de nossa avifauna, para a sua preservação, porque amar é olhar (dizia um poeta antigo). Mas observar seres fantásticos é o mesmo que ir além do que os nossos olhos costumam ver, é aprender que a imaginação tem o dom de levantar todos os mistérios da vida e dar as respostas ao que ninguém sabe nem mesmo perguntar.

Ana Miranda nasceu em Fortaleza, no Ceará, em 1951. É autora de diversos livros infantis, juvenis e adultos, entre eles *Boca do Inferno* (1989), *Dias & Dias* (2002), *Yuxin* (2009), *Menina Japinim* (2014), *Musa praguejadora, a vida de Gregório de Matos* (2014) e *Xica da Silva, a cinderela negra* (2016). Recebeu diversos prêmios, entre eles o Jabuti, o da Biblioteca Nacional, o da Academia Brasileira de Letras e o Green Prize of the Americas. Foi escritora visitante em universidades como Stanford e Yale, nos Estados Unidos, e representou o Brasil perante a União Latina, em Roma.

SOBRE A AUTORA

JANUÁRIA CRISTINA ALVES

O folclore brasileiro está na minha vida desde que me lembro de ser quem sou. Meus avós e meus pais enchiam as tardes de domingo e as noites passadas no sítio à luz de candeeiros com as histórias que, neste livro, ousei contar para vocês. Que delícia e que responsabilidade! "Será que eles vão se encantar com essas histórias todas como eu me encantei? Será que vão querer contá-las para seus filhos e netos?" Essas perguntas me rondavam a cabeça enquanto eu pesquisava e escrevia esses contos maravilhosos. Eu apostei que sim.

Este livro me fez usar um pouco de tudo o que aprendi nesta vida. Fui jornalista, pesquisadora, um pouco publicitária, outro tanto professora e, é claro, escritora. Entrevistei pessoas, pesquisei em fontes tão antigas quanto o nosso Brasil, li muito, escrevi tanto que já me esqueci de contar o quanto, e me realizei, pensando em emocionar crianças, jovens e suas famílias com esse resgate da nossa história oral.

Essas personagens me fizeram companhia, me fizeram rir, ter medo, pensar na vida, imaginar a morte. Vocês vão ver: elas nos "pegam" e nos encantam, não nos deixam escapar! E isso é o maravilhoso: esses enredos são lidos, relidos, recontados e nunca terminam porque fazem parte da nossa história, a história desse povo brasileiro que segue, esperançoso, contando e cantando os mistérios da vida. A partir de hoje, espero que eu, vocês e eles estejamos juntos, para sempre.

SOBRE O ILUSTRADOR

BERJE

Nasci em 1990, em Guararema, interior do estado de São Paulo. Ainda no colégio, me envolvi com a arte urbana e o realismo mágico, universos que influenciam no desenvolvimento de minha arte.

A literatura também é uma inspiração, em especial a de autores como o argentino Jorge Luis Borges, o norte-americano H. P. Lovecraft e o inglês China Miéville, que fomentaram meu gosto por mitologia e seres fantásticos.

Em meus desenhos, construo um imaginário próprio em que fantasia e signos se completam, tomando forma de criaturas que habitam universos surreais. Minhas ilustrações já figuraram nos meios editorial, da música e da moda, algo que contribui para o enriquecimento das histórias que desejo contar. Além de ilustrador, também sou *designer* gráfico e diretor de arte no estúdio IdeaFixa.

www.ingramcontent.com/pod-product-compliance
Ingram Content Group UK Ltd.
Pitfield, Milton Keynes, MK11 3LW, UK
UKHW062005290726
14090UKWH00022B/1402